# ÍNDICE

## Se Aventure Nas Páginas Deste Livro!

Caro leitor,

Bem-vindo a um mundo onde a aventura e o mistério se entrelaçam em uma jornada única e emocionante. É com grande entusiasmo que convidamos você a abrir as páginas deste livro e mergulhar em uma narrativa repleta de surpresas, amizade e magia.

Prepare-se para seguir os passos de Alana, Lumi e Detetive Moreira enquanto eles desvendam os segredos que cercam o amuleto mágico e enfrentam desafios que transcendem os reinos humano e animal. Com cada capítulo, você será levado a um mundo de descobertas inesperadas e reviravoltas emocionantes.

Nossos personagens não são apenas heróis em uma história, mas amigos que estão ansiosos para compartilhar suas experiências com você. À medida que se aventuram por lugares misteriosos e enfrentam adversidades, você estará ao lado deles a cada passo do caminho.

Este livro é mais do que uma simples narrativa; é um convite para se juntar a nós em uma viagem extraordinária. Você descobrirá a magia da amizade, o poder de superar obstáculos e a importância de manter o equilíbrio entre os reinos. Cada página é uma porta para um mundo vibrante e cheio de possibilidades.

Então, caro leitor, pegue este livro e deixe sua imaginação voar. Convidamos você a se aventurar, a rir, a se surpreender e a se emocionar com cada virada de página. As histórias têm o poder de nos transportar para lugares além da imaginação, e é nossa esperança que essa jornada o envolva completamente.

Sua aventura começa agora. Abra o livro, e permita-se ser cativado por um universo onde os mistérios aguardam para serem desvendados e as emoções esperam para serem vividas.

Com entusiasmo e expectativa,

Werner Baldez & Flora Santana

# CAPÍTULO 1: UMA NOITE TEMPESTUOSA

O céu escuro estava repleto de nuvens pesadas que se moviam rapidamente, anunciando a chegada iminente de uma tempestade. O vento uivava entre as árvores, criando uma melodia inquietante que ecoava pela pequena cidade de Elmridge. Alana observava da janela de seu quarto enquanto os primeiros pingos de chuva começavam a salpicar o vidro. Uma sensação de eletricidade pairava no ar, criando um clima de expectativa.

Intrigada pela tempestade iminente, Alana decidiu sair para o quintal dos fundos de sua casa, onde costumava passar horas lendo e aproveitando a natureza. Vestiu um casaco grosso e se dirigiu ao pequeno gazebo que abrigava sua cadeira de leitura favorita. As árvores balançavam com força, as folhas dançando em resposta à crescente intensidade do vento.

Enquanto se acomodava na cadeira e abria o livro que estava lendo, algo brilhou no canto de seu olho. Um lampejo prateado entre as folhas molhadas de uma roseira chamou sua atenção. Curiosa, Alana se levantou e caminhou na direção do brilho, encontrando um pequeno objeto caído entre as pétalas.

Com o coração acelerado, Alana pegou o objeto e o examinou

mais de perto. Era um amuleto intricadamente entalhado em prata, com símbolos místicos que pareciam dançar à luz fraca da tempestade. As mãos de Alana tremiam enquanto ela segurava o amuleto, sentindo uma inexplicável atração por ele.

Um estrondo de trovão ecoou no céu, fazendo Alana dar um pulo. A chuva começou a cair com mais força, ensopando o chão ao seu redor. Decidida a investigar o amuleto em um local mais protegido, Alana voltou correndo para o gazebo. Ela se sentou no banco e segurou o amuleto com firmeza, tentando decifrar seu propósito e origem.

Enquanto suas mãos tocavam o amuleto, um flash de energia percorreu seu corpo, fazendo-a soltar um grito surpreso. Uma luz intensa a envolveu, cegando-a temporariamente. Quando a luz finalmente se dissipou e Alana conseguiu abrir os olhos, ela percebeu que algo estava errado. Olhou para suas mãos e viu que agora eram pequenas e cobertas de pelos macios.

O pânico tomou conta dela quando se deu conta de que não estava mais em seu próprio corpo. Olhou ao redor e viu sua casa de uma perspectiva muito mais baixa do que estava acostumada. Confusa e alarmada, Alana olhou para baixo e viu um par de olhos dourados a encarando. Ela estava no corpo de Lumi, sua gatinha de estimação!

O encontro com o amuleto mágico tinha causado uma troca de almas entre Alana e Lumi, lançando-as em uma aventura inesperada e misteriosa. Alana, agora no corpo de sua gatinha, tentou miar, mas apenas um som estranho saiu de sua garganta. Enquanto a chuva caía ao seu redor, Alana percebeu que sua vida tinha tomado um rumo totalmente novo e desconhecido. O enigma estava apenas começando.

# CAPÍTULO 2: PERSPECTIVAS ALTERADAS

A chuva continuava a cair, criando um ritmo suave que ecoava no pequeno gazebo. Alana, agora no corpo de Lumi, sentia a água escorrendo por sua pelagem enquanto observava sua antiga forma humana caminhando de um lado para o outro, agindo de maneira estranha. Ela tentou miar mais uma vez, esperando chamar a atenção de si mesma, mas o som ininteligível saiu novamente.

Lumi, por outro lado, estava experimentando o mundo humano de uma maneira completamente nova. No corpo de Allana, ela podia sentir a textura do casaco que vestia, o peso de seus próprios pés sobre o chão e a estranha sensação de ter mãos ao invés de patas. Ela observava Alana com um olhar confuso e curioso, tentando entender o que estava acontecendo.

A perplexidade da situação era quase avassaladora para ambas. Alana tentava entender como tinha acabado no corpo de sua gatinha e como poderia voltar ao seu corpo humano. Enquanto isso, Lumi explorava os sentidos humanos com curiosidade, mas também uma pitada de ansiedade. Ela sentia a responsabilidade de cuidar do corpo de Alana e tentava se mover com cuidado para não fazer nada errado.

Alana, agora Lumi, se aproximou de sua antiga forma humana e esfregou-se contra suas pernas, tentando chamar a atenção. Ela queria desesperadamente que Alana percebesse que estava ali, presa no corpo da gatinha. No entanto, Alana apenas a afastou gentilmente e murmurou algo sobre como Lumi estava se comportando de maneira estranha.

Enquanto a chuva continuava a cair lá fora, Alana e Lumi se entreolharam, compartilhando um momento de compreensão mútua. A troca de perspectivas havia colocado ambas em uma posição única para entender a vida uma da outra. Alana agora podia ver o mundo através dos olhos de Lumi, e Lumi podia sentir o que era ser humana.

Com corações cheios de incerteza e uma determinação crescente, as duas amigas se preparavam para embarcar em uma jornada de descoberta e aventura, na esperança de desvendar o mistério por trás da troca de almas e encontrar uma maneira de restaurar a ordem natural das coisas. Enquanto a tempestade rugia do lado de fora, um vínculo especial começou a se fortalecer entre Alana e Lumi, unindo-as em sua busca pelo desconhecido.

# CAPÍTULO 3: A DESCOBERTA DO AMULETO

A tempestade finalmente começou a diminuir, deixando para trás um ar úmido e carregado de eletricidade. Alana, ainda no corpo de Lumi, e Lumi, agora no corpo de Alana, decidiram que era hora de explorar a causa da troca de almas e encontrar uma maneira de reverter essa situação inusitada.

Com passos desajeitados e um pouco de hesitação, Alana (Lumi) guiou Lumi (Alana) até o gazebo onde tudo havia começado. O amuleto mágico brilhava misteriosamente sob os raios fracos do sol que começavam a romper as nuvens. As duas amigas se aproximaram do amuleto com cautela, sentindo uma aura de poder e magia ao seu redor.

"Acha que isso é o que causou tudo isso?" Lumi, no corpo de Alana, perguntou com uma voz estranha e hesitante.

Alana, agora no corpo de Lumi, assentiu, observando o amuleto com intensidade. "Acho que sim. De alguma forma, isso está ligado a nossa troca de corpos. Precisamos entender o que é e como podemos desfazer isso."

Com determinação renovada, Alana (Lumi) estendeu a mão trêmula e tocou o amuleto. Uma onda de energia percorreu seu corpo, mas desta vez, a sensação era diferente. Era quase como se o amuleto estivesse respondendo à sua presença, reconhecendo-a de alguma forma.

Lumi (Alana), observando com interesse, sugeriu: "Talvez seja algum tipo de amuleto de ligação, projetado para unir duas almas de alguma forma. Mas por que nós? Por que agora?"

Enquanto as duas amigas continuavam a examinar o amuleto, pequenas inscrições começaram a brilhar suavemente na superfície do objeto. Alana (Lumi), com uma concentração intensa, começou a decifrar os símbolos à medida que eles se iluminavam.

"Essas inscrições... elas falam sobre a necessidade de equilíbrio entre os mundos humano e animal", ela murmurou. "Diz que em tempos de desequilíbrio, como uma conjunção cósmica, esse amuleto pode ser ativado para trocar as almas de um humano e um animal, a fim de restabelecer a harmonia."

Lumi (Alana) franziu o cenho. "Uma conjunção cósmica? Isso soa... complicado."

Alana (Lumi) assentiu, concordando. "Sim, parece que estamos no meio de algum tipo de evento astrológico poderoso. E o amuleto, de alguma forma, reagiu a isso e nos escolheu como os receptores da troca. Mas por que nós? O que nos torna especiais nesse contexto?"

Enquanto as duas amigas debatiam as possibilidades, uma sensação de conexão profunda começou a se formar entre elas. A troca de corpos havia proporcionado uma oportunidade única para compreender a perspectiva uma da outra, para sentir as alegrias e desafios que cada uma enfrentava em suas vidas diárias.

Com olhares determinados, Alana (Lumi) e Lumi (Alana)

perceberam que a conexão entre elas era a chave para desvendar o mistério do amuleto e restaurar o equilíbrio entre os mundos humano e animal. A jornada estava apenas começando, e elas estavam determinadas a enfrentar cada desafio juntas, fortalecendo seu vínculo enquanto desvendam os segredos entrelaçados em torno do amuleto mágico.

# CAPÍTULO 4: O MUNDO DOS SENTIDOS AGUÇADOS

A manhã seguinte trouxe consigo um sol tímido que lutava para romper as últimas nuvens remanescentes da tempestade. Alana, no corpo de Lumi, acordou com um estiramento preguiçoso, sentindo a flexibilidade de seus músculos felinos. Ela se levantou com agilidade e contemplou o mundo a partir da visão felina que agora possuía.

Cada detalhe ganhava vida com uma clareza surpreendente. As cores eram mais vibrantes, os movimentos eram mais nítidos e os cheiros eram uma sinfonia de informações que lhe contavam histórias sobre seu ambiente. Ela se moveu silenciosamente pela casa, percebendo como a própria estrutura do local parecia diferente quando vista através dos olhos de Lumi.

Enquanto isso, Lumi, no corpo de Alana, explorava o mundo humano com curiosidade e um toque de nervosismo. Ela estava intrigada com a sensação de estar em pé, sentindo o peso de seu próprio corpo sobre as pernas. Observava as mãos humanas com fascínio, maravilhando-se com a capacidade de agarrar objetos e manipular o ambiente de maneiras que nunca havia experimentado.

Ao olhar para o espelho, Lumi se viu refletida como nunca antes. A imagem da jovem Alana a encarava com olhos curiosos, e Lumi percebeu a responsabilidade que agora tinha de ocupar o lugar da garota em seu corpo humano. Ela tinha uma voz para falar, mãos para agir e a oportunidade de interagir com o mundo humano de maneiras totalmente novas.

No entanto, ambas enfrentaram desafios inesperados ao se adaptarem a suas novas perspectivas. Alana, no corpo de Lumi, descobriu a complexidade dos instintos felinos e teve que se acostumar com a aguçada audição que captava cada ruído ao seu redor. Pular de móveis e mover-se silenciosamente tornou-se um verdadeiro desafio, mas ela estava determinada a dominar suas novas habilidades.

Enquanto isso, Lumi, no corpo de Alana, teve que se acostumar com a sensação desajeitada de andar sobre duas pernas e usar mãos humanas para realizar tarefas cotidianas. Coisas simples como pegar um objeto ou equilibrar-se em uma superfície plana se tornaram obstáculos a superar. No entanto, sua determinação era tão forte quanto a de Alana, e ela estava determinada a aprender a navegar no mundo humano.

À medida que Alana e Lumi enfrentavam os desafios e maravilhas de suas novas perspectivas, elas começaram a compreender mais profundamente a natureza única de cada um dos mundos que habitam. A troca de corpos não apenas as uniu de maneira inesperada, mas também lhes deu a oportunidade de explorar as nuances da existência do outro. Com resiliência e um senso de aventura, elas estavam prontas para enfrentar qualquer obstáculo que surgisse em seu caminho enquanto buscavam desvendar o enigma do amuleto mágico.

# CAPÍTULO 5: OS MISTÉRIOS DA SOCIEDADE SECRETA

Enquanto Alana e Lumi se adaptavam às peculiaridades de suas novas perspectivas, uma determinação firme as guiava em sua busca por respostas. Decididas a desvendar o enigma do amuleto e restaurar o equilíbrio entre os mundos, elas começaram a seguir pistas que as levariam ao cerne dos mistérios que envolviam a troca de almas.

Com passos decididos, Alana (Lumi) e Lumi (Alana) se aventuraram pela cidade de Elmridge em busca de informações. Através de fontes obscuras e encontros fortuitos, chegaram a rumores de uma sociedade secreta que guardava conhecimentos sobre a magia ancestral e o equilíbrio entre os mundos humano e animal.

Guiadas por essas intrigantes pistas, as duas amigas chegaram a um local sombrio e misterioso nos arredores da cidade. Era uma casa antiga, coberta por trepadeiras e rodeada por uma aura de mistério. Ao entrarem, foram recebidas por uma figura imponente e enigmática, vestida de roupas escuras e portando um olhar perspicaz.

Ele se apresentou como o Guardião das Almas, o protetor da sociedade secreta que há séculos mantinha a harmonia entre os mundos. Com uma voz grave e cheia de autoridade, o Guardião explicou a Alana (Lumi) e Lumi (Alana) a verdade por trás da troca de almas e a importância de seu papel nesse evento cósmico.

"A troca de almas é uma antiga tradição que visa manter o equilíbrio entre os reinos humano e animal", explicou o Guardião. "Em tempos de conjunção cósmica, quando as energias se alinham de maneira única, esse amuleto é ativado para garantir que nenhum mundo predomine sobre o outro."

As duas amigas ouviam com fascinação, absorvendo cada palavra do Guardião. Ele compartilhou a história da sociedade secreta, uma aliança de humanos e animais que juraram proteger a magia e a conexão entre os dois reinos. Ao longo dos séculos, essa sociedade havia mantido o segredo da troca de almas, trabalhando nos bastidores para manter o equilíbrio e evitar conflitos que pudessem surgir de um domínio sobre o outro.

Conforme o Guardião revelava os segredos entrelaçados na trama da troca de almas, Alana (Lumi) e Lumi (Alana) começaram a compreender a magnitude de sua missão. Eles eram peças-chave em um quebra-cabeça cósmico que envolvia não apenas suas próprias vidas, mas o destino de ambos os mundos.

Com determinação renovada e um entendimento mais profundo da importância de sua jornada, Alana (Lumi) e Lumi (Alana) se comprometeram a cooperar com a sociedade secreta para desvendar o mistério do amuleto e restaurar a ordem natural das coisas. Enquanto o sol se punha sobre a cidade, as três figuras permaneceram reunidas, unidas pelo propósito de proteger o equilíbrio e preservar o elo especial entre os reinos humano e animal.

# CAPÍTULO 6: TRILHANDO OS CAMINHOS DA INVESTIGAÇÃO

Em meio às sombras da noite, Alana (Lumi) e Lumi (Alana) se viram envoltas por uma aura de determinação enquanto decidiam trilhar os caminhos perigosos da investigação. A informação fornecida pelo Guardião das Almas havia acendido uma chama de curiosidade em seus corações, e elas estavam dispostas a mergulhar nas profundezas dos mistérios que cercavam a troca de almas.

Com a noção de que a sociedade secreta não era a única interessada no amuleto, as duas amigas começaram a reunir pistas enigmáticas que as levariam ao encontro do detetive mais astuto da cidade, Detetive Moreira. Alana (Lumi), confiante de que a mente afiada de Moreira poderia lançar luz sobre o enigma, convenceu Lumi (Alana) a acompanhá-la em uma visita à delegacia local.

Ao chegarem à delegacia, os olhares curiosos e confusos dos policiais caíram sobre elas, uma vez que Lumi (Alana) agora ocupava o corpo da jovem Alana e Alana (Lumi) estava na forma da gatinha. Com determinação, Alana (Lumi) pediu para falar com Detetive Moreira, e depois de uma breve espera, foram escoltadas até a sala do detetive.

Detetive Moreira, um homem de meia-idade com olhos perspicazes e um sorriso irônico, olhou para elas com curiosidade. Alana (Lumi) explicou a situação da melhor forma possível, detalhando a troca de almas, a sociedade secreta e as pistas que haviam reunido até agora. Para surpresa das duas amigas, Moreira escutou atentamente, sem mostrar sinais de incredulidade.

"Eu lido com o inusitado e o inexplicável há anos", disse Moreira, com um toque de humor em sua voz. "Se há algo que aprendi, é que o mundo é mais complexo do que imaginamos. E essa história de troca de almas... bem, não é a coisa mais estranha que já ouvi."

Moreira se ofereceu para ajudá-las em sua investigação, concordando que havia algo de sinistro nas sombras que cercavam o amuleto mágico. Ele compartilhou seu próprio conhecimento sobre eventos misteriosos que haviam ocorrido recentemente na cidade e sugeriu que as pistas que Alana (Lumi) e Lumi (Alana) estavam seguindo poderiam estar conectadas a uma rede de intrigas muito mais ampla do que imaginavam.

Com o detetive astuto ao seu lado, as três mentes curiosas se lançaram de cabeça na busca por respostas. Detetive Moreira trouxe sua experiência em investigações, revelando detalhes obscuros e pistas que haviam passado despercebidos por Alana (Lumi) e Lumi (Alana). Juntos, eles começaram a decifrar enigmas complexos, seguindo trilhas de informações que os conduziam a locais misteriosos e encontros inesperados.

O tempo estava se esgotando, pois a conjunção cósmica se aproximava rapidamente. Alana (Lumi), Lumi (Alana) e Detetive Moreira se lançaram em uma corrida frenética contra o relógio, enfrentando desafios cada vez mais intrigantes e perigosos à medida que se aproximavam da verdade oculta por trás do amuleto mágico e dos segredos que ele guardava. A jornada estava prestes a atingir um ponto de ebulição, e eles estavam determinados a descobrir os segredos antes que fosse tarde demais.

17

# CAPÍTULO 7: A ALIANÇA INESPERADA

À medida que Alana (Lumi), Lumi (Alana) e Detetive Moreira mergulhavam nas profundezas do mistério que os cercava, uma aliança improvável começava a se formar. A troca de perspectivas e a busca por respostas haviam unido os três de maneira única, e eles logo perceberam que a combinação de suas habilidades e conhecimentos era essencial para desvendar o enigma do amuleto mágico.

Alana (Lumi), com sua visão felina aguçada, começou a desempenhar um papel crucial na identificação de detalhes que passavam despercebidos pelos olhos humanos. Ela rastreava pistas sutis e examinava cenas em busca de indícios que poderiam fornecer pistas valiosas. Sua agilidade felina também se mostrou uma vantagem em situações onde a mobilidade era essencial.

Lumi (Alana), por sua vez, aproveitou a oportunidade de estar no corpo humano para explorar sua capacidade recém-adquirida de fala e interação. Sua intuição animal combinada com a perspicácia de Alana permitia que ela compreendesse nuances emocionais e comportamentais em pessoas e situações, fornecendo insights valiosos que muitas vezes escapavam à mente racional de Detetive Moreira.

Detetive Moreira contribuiu com sua experiência investigativa e habilidades analíticas afiadas. Ele conectava os pontos, traçava conexões entre eventos aparentemente desconexos e usava sua intuição policial para desvendar segredos ocultos. Sua capacidade de decifrar enigmas e interpretar as pistas levou a descobertas surpreendentes que os conduziram cada vez mais perto da verdade.

A medida que Alana (Lumi), Lumi (Alana) e Detetive Moreira trabalhavam juntos, uma conexão especial começou a se desenvolver entre eles. Eles compartilhavam risos, desafios e momentos de incerteza, fortalecendo não apenas sua aliança, mas também a amizade que estava florescendo. A harmonia entre os mundos humano e animal estava se manifestando de maneira única através dessa união improvável.

Enquanto a conjunção cósmica se aproximava, as três mentes curiosas enfrentaram testes cada vez mais difíceis e situações perigosas. Mas a força da amizade e a determinação em proteger o equilíbrio entre os reinos eram sua âncora em meio ao caos. Juntos, eles se preparavam para enfrentar o confronto final, confiantes de que suas novas habilidades e sua aliança inesperada seriam a chave para resolver o mistério e restaurar a ordem que fora perturbada.

# CAPÍTULO 8:
# CONJUNÇÃO CÓSMICA

À medida que o tempo avançava implacavelmente em direção à conjunção cósmica, Alana (Lumi), Lumi (Alana) e Detetive Moreira mergulharam ainda mais fundo na trama intrincada do amuleto mágico e dos segredos que ele protegia. Suas investigações os levaram a descobrir uma profecia ancestral, entrelaçada com o destino dos reinos humano e animal.

Nos arquivos empoeirados da sociedade secreta, encontraram textos antigos que narravam a conjunção cósmica como um evento raro que ocorria apenas a cada século. A profecia declara que durante essa conjunção, o equilíbrio entre os mundos era testado e que um desafio transcendente surgiria para aqueles destinados a proteger a harmonia. Eles perceberam que a troca de almas era uma parte essencial dessa profecia, uma maneira de manter a conexão entre humanos e animais em um nível profundo.

No entanto, os perigos iminentes também se tornaram mais claros. Eles descobriram que uma força sombria e ambiciosa estava tentando explorar a conjunção cósmica para seus próprios fins. Essa entidade, conhecida como o Buscador das Sombras, buscava desequilibrar a relação entre os reinos, ameaçando mergulhar ambos em caos e escuridão.

Com o conhecimento da profecia e a ameaça representada pelo Buscador das Sombras, Alana (Lumi), Lumi (Alana) e Detetive Moreira sabiam que o confronto final estava se aproximando. Eles se reuniram na sede da sociedade secreta, onde o Guardião das Almas os aguardava, pronto para orientá-los e prepará-los para o que estava por vir.

Juntos, eles se imbuíram de um treinamento intensivo, desenvolvendo ainda mais suas habilidades únicas. Alana (Lumi) aprimorou sua agilidade felina, aprendendo a usar seus sentidos apurados para detectar perigos ocultos. Lumi (Alana) continuou a aprimorar sua compreensão das emoções humanas, permitindo-lhe decifrar motivações e intenções com maior precisão. Detetive Moreira compartilhou suas técnicas de investigação avançada, treinando-os para analisar pistas e antecipar os movimentos do Buscador das Sombras.

Enquanto os preparativos estavam em andamento, o trio forjou uma conexão ainda mais profunda, uma verdadeira irmandade nascida da adversidade e do propósito compartilhado. Eles reconheceram a importância de seu papel no equilíbrio dos reinos e estavam determinados a enfrentar o Buscador das Sombras e restaurar a harmonia que estava sendo ameaçada.

À medida que a conjunção cósmica se aproximava, a tensão no ar era palpável. Eles estavam prontos para enfrentar o confronto final, armados com a sabedoria da profecia, as lições do Guardião das Almas e a força imensurável de sua amizade. O destino dos reinos estava em jogo, e Alana (Lumi), Lumi (Alana) e Detetive Moreira estavam preparados para enfrentar os desafios que viriam e lutar pela restauração do equilíbrio que era essencial para ambos os mundos.

# CAPÍTULO 9: REVELAÇÕES SURPREENDENTES

A noite da conjunção cósmica finalmente chegou, trazendo consigo uma aura de expectativa e tensão. Alana (Lumi), Lumi (Alana) e Detetive Moreira estavam preparados para enfrentar o Buscador das Sombras e desvendar os segredos que ele buscava explorar.

À medida que adentravam a sede da sociedade secreta, Alana (Lumi) e Lumi (Alana) perceberam que a verdade era mais complexa do que imaginavam. Traições e alianças inesperadas começaram a surgir, revelando que nem todos na sociedade eram leais à causa do equilíbrio. Entre aqueles que deveriam proteger os reinos, havia aqueles que estavam dispostos a arriscar tudo pelo poder que o Buscador das Sombras prometia.

Detetive Moreira usou sua intuição afiada para discernir os verdadeiros amigos dos falsos aliados, orientando o grupo na direção certa. Eles descobriram que o verdadeiro propósito do amuleto mágico ia além de uma simples troca de almas. Na verdade, o amuleto continha um poder imenso que, quando usado de maneira inadequada, poderia causar desequilíbrio permanente entre os reinos.

Em uma revelação chocante, o Guardião das Almas revelou que o Buscador das Sombras tinha a intenção de usar o amuleto para desencadear uma onda de caos e destruição, favorecendo o domínio do mundo humano sobre o mundo animal. O Buscador acreditava que essa supremacia traria poder ilimitado, e ele estava disposto a sacrificar a harmonia entre os reinos para alcançar seus objetivos egoístas.

Determinados a impedir que essa catástrofe ocorresse, Alana (Lumi), Lumi (Alana) e Detetive Moreira confrontaram o Buscador das Sombras em um embate épico. O confronto foi uma batalha intensa de habilidades e estratégias, com cada um dos membros da aliança inesperada usando suas forças únicas para enfrentar o vilão.

As faíscas voaram e feitiços mágicos se chocaram enquanto o destino dos reinos pendia na balança. Com uma combinação de astúcia, trabalho em equipe e determinação implacável, Alana (Lumi), Lumi (Alana) e Detetive Moreira conseguiram superar o Buscador das Sombras, frustrando seus planos nefastos.

No momento em que a conjunção cósmica atingiu seu ápice, os três heróis usaram o poder do amuleto mágico de maneira verdadeiramente harmoniosa, restaurando o equilíbrio entre os reinos humano e animal. A energia brilhante emanada pelo amuleto varreu a escuridão, dissipando a ameaça e trazendo uma sensação de paz duradoura.

Com o Buscador das Sombras derrotado e o equilíbrio restabelecido, Alana (Lumi), Lumi (Alana) e Detetive Moreira foram saudados como heróis pela sociedade secreta e pelos reinos que protegiam. A amizade que haviam forjado em meio às adversidades provou ser a força mais poderosa de todas, e eles perceberam que a conexão entre humanos e animais era fundamental para a manutenção da harmonia.

Enquanto o sol se levantava sobre a cidade de Elmridge, Alana (Lumi), Lumi (Alana) e Detetive Moreira olharam para o horizonte com um novo senso de propósito e realização. Eles haviam enfrentado desafios inimagináveis, revelações surpreendentes e a escuridão do Buscador das Sombras, emergindo como guardiões do equilíbrio e exemplos de como a amizade verdadeira podia superar qualquer obstáculo. Sua jornada estava completa, mas o impacto de suas ações reverberam através dos reinos por gerações.

# CAPÍTULO 10:
# O EQUILÍBRIO
# RESTAURADO

Com a derrota do Buscador das Sombras e a restauração do equilíbrio entre os reinos humano e animal, uma sensação de alívio e triunfo encheu o ar. Alana (Lumi), Lumi (Alana) e Detetive Moreira olharam para o horizonte, testemunhando os primeiros raios do sol iluminando a cidade de Elmridge. A batalha havia chegado ao fim, mas o verdadeiro desfecho estava apenas começando.

Os membros da sociedade secreta se reuniram para celebrar a vitória e agradecer aos heróis que haviam salvado os reinos. Alana (Lumi), Lumi (Alana) e Detetive Moreira eram saudados com aplausos e gratidão, mas havia algo mais profundo acontecendo. A conexão entre humanos e animais, que havia sido tão crucial para restaurar o equilíbrio, começou a se manifestar de maneiras inesperadas.

Enquanto a celebração acontecia, algo extraordinário aconteceu. Alana (Lumi) e Lumi (Alana) se aproximaram do amuleto mágico, sentindo uma ressonância única com o objeto. Com um toque delicado, o amuleto começou a brilhar suavemente, envolvendo-as em uma luz dourada. Uma sensação de calor e pertencimento as percorreu, e de repente, as duas amigas se viram de volta em seus próprios corpos.

A troca de almas havia sido desfeita, e as almas de Alana e Lumi retornaram aos seus corpos originais. As duas amigas se abraçaram com lágrimas nos olhos, sentindo a alegria da reunião e a profunda conexão que haviam desenvolvido durante sua jornada extraordinária.

Detetive Moreira observou com um sorriso caloroso, reconhecendo a magnitude do momento. Ele se aproximou e estendeu a mão para cumprimentá-las. "Vocês duas realizaram algo incrível", disse ele. "E mostraram ao mundo que a amizade e a união podem superar até mesmo os desafios mais impossíveis."

Com o equilíbrio restaurado, Alana (Lumi), Lumi (Alana) e Detetive Moreira continuaram a colaborar com a sociedade secreta, mantendo a conexão entre os reinos humano e animal forte e vibrante. Eles se tornaram embaixadores de uma nova compreensão entre humanos e animais, promovendo a harmonia e a coexistência pacífica.

À medida que os dias passavam, a cidade de Elmridge se transformou em um lugar onde humanos e animais compartilhavam um entendimento mais profundo, uma conexão baseada no respeito mútuo e na compreensão. A história de Alana (Lumi), Lumi (Alana) e Detetive Moreira se tornou uma lenda, uma lembrança de que o equilíbrio entre os reinos dependia não apenas de magia, mas também da força da amizade e do vínculo especial que existia entre humanos e animais.

E assim, a jornada cheia de mistério e aventura chegou a um fim, mas o impacto das ações dos heróis reverberou para sempre, lembrando a todos que a verdadeira magia estava na capacidade de encontrar harmonia e união em um mundo complexo e diversificado.

# EPÍLOGO: ALÉM DOS MISTÉRIOS

Passaram-se anos desde que Alana e Lumi desvendaram os segredos do amuleto mágico e restauraram o equilíbrio entre os reinos humano e animal. Agora, sentadas sob a sombra de uma árvore que testemunhou sua jornada, as duas amigas refletiam sobre a incrível aventura que haviam vivido.

"É incrível pensar em como tudo começou com aquela tempestade e a troca de almas", disse Alana, olhando para Lumi com um sorriso. "Nossa amizade cresceu tanto desde então."

Lumi assentiu com um sorriso. "E quem diria que nos tornaríamos heróis que salvaram os reinos? Tantas coisas aconteceram, e tudo parece ter valido a pena."

Detetive Moreira, que se tornara um mentor e amigo ao longo dos anos, se aproximou. "Vocês duas mostraram que a verdadeira coragem e força não vêm apenas da magia ou das habilidades, mas da conexão entre as almas. O que vocês compartilham é especial e eterno."

Olhando para o horizonte, Alana e Lumi sabiam que suas aventuras não tinham um fim definitivo. A sociedade secreta continuava a proteger os reinos, e novos desafios surgiriam. No entanto, agora elas estavam prontas para enfrentar qualquer obstáculo, confiantes no poder de sua amizade e na ligação profunda que as unia.

Enquanto o vento sussurrava entre as folhas das árvores, Alana e Lumi se abraçaram, lembrando-se de todas as reviravoltas, mistérios e risadas que compartilharam. Sua jornada havia sido cheia de surpresas e descobertas, mas o que permanecia mais forte era o vínculo eterno que tinham construído.

E assim, o sol se pôs no horizonte, lançando um brilho dourado sobre as amigas que haviam enfrentado o desconhecido juntas e emergido mais fortes do que nunca. Suas histórias continuariam a se desdobrar, levando-as a novas aventuras e desafios, mas a base de sua jornada sempre seria a amizade e o entendimento profundo que compartilhavam.

O mundo estava cheio de mistérios a serem explorados, mas Alana e Lumi estavam prontas para enfrentá-los, guiadas pelo vínculo que transcendia as barreiras entre humanos e animais. Juntas, elas sabiam que não importava o que o futuro reservasse; sua amizade seria uma fonte de força, inspiração e alegria para sempre.

# APÊNDICE: GLOSSÁRIO MÁGICO

Neste glossário, você encontrará uma lista de termos e conceitos relacionados à magia e à sociedade secreta presentes na história de Alana (Lumi), Lumi (Alana) e Detetive Moreira.

1. **Conjunção Cósmica**: Um evento raro que ocorre a cada século, quando as energias dos reinos humano e animal se alinham, desencadeando a troca de almas e testando o equilíbrio entre os mundos.

2. **Amuleto Mágico**: Um objeto ancestral com o poder de realizar a troca de almas entre humanos e animais durante a conjunção cósmica.

3. **Guardião das Almas**: Figura enigmática que lidera a sociedade secreta e protege o equilíbrio entre os reinos humano e animal.

4. **Sociedade Secreta**: Uma aliança de humanos e animais que juraram proteger a magia e a harmonia entre os reinos, trabalhando nos bastidores para manter o equilíbrio.

5. **Buscador das Sombras**: Vilão que busca explorar a conjunção cósmica para ganho pessoal, ameaçando o equilíbrio entre os reinos.

6. **Troca de Almas**: Fenômeno que ocorre durante a conjunção cósmica, permitindo que almas humanas e animais troquem de corpos temporariamente.

7. **Equilíbrio dos Reinos**: O estado de harmonia entre os mundos humano e animal, fundamental para a coexistência pacífica e a magia que os une.

8. **Vínculo Especial**: A conexão profunda e única que existe entre humanos e animais, baseada em compreensão mútua e respeito.

9. **Propósito Ancestral**: O papel destinado a Alana (Lumi), Lumi (Alana) e Detetive Moreira na proteção do equilíbrio e na manutenção da harmonia entre os reinos.

10. **Magia Ancestral**: Conhecimentos mágicos transmitidos ao longo das gerações, usados para preservar o equilíbrio e a conexão entre humanos e animais.

Este glossário destaca alguns dos conceitos e termos mágicos presentes na história, ajudando a compreender melhor o mundo e os desafios enfrentados pelos personagens.

# AGRADECIMENTOS

Queridos leitores,

É com imensa gratidão que chegamos ao final desta jornada de aventura e mistério. A cada página que você leu, a cada reviravolta que você acompanhou, nossa excitação crescia, sabendo que estávamos compartilhando uma história especial com todos vocês.

Hoje, gostaríamos de expressar nossos sinceros agradecimentos a todos que nos acompanharam em nossa jornada literária. Werner Baldez e Flora Santana, os autores por trás desta narrativa mágica, estão emocionados por sua dedicação em explorar os misterios com Alana, Lumi e Detetive Moreira.

Vocês, leitores, são o motivo pelo qual escrevemos. Cada reviravolta, cada revelação, foi construída com a esperança de mantê-los ansiosos por mais. A troca de almas, a amizade inabalável e a busca pelo equilíbrio dos reinos foram concebidas com muito amor e dedicação.

Agradecemos por nos permitirem entrar em suas mentes e corações, por embarcarem nessa jornada conosco e por se tornarem parte do mundo que criamos. Suas risadas, suspiros e emoções deram vida aos personagens e à história de uma maneira que nunca poderíamos imaginar.

Esperamos que esta história tenha inspirado vocês, assim como nos inspirou a escrevê-la. A conexão que sentimos com cada um de vocês, através das palavras é uma recompensa além das palavras. Estamos verdadeiramente felizes por terem nos acompanhado até o fim.

Com gratidão eterna,

Werner Baldez & Flora Santana